This Can Lick a Lollipop

Body Riddles for Kids

Esto goza chupando un caramelo

Las partes del cuerpo en adivinanzas infantiles

English words by **Joel Rothman**

Spanish words by **Argentina Palacios**

Photographs by **Patricia Ruben**

Doubleday & Company, Inc., Garden City, New York

Library of Congress Catalog Number 77-80911

ISBN 0-385-13071-6 Trade
ISBN 0-385-13072-4 Prebound
English text copyright © 1979 by Joel Rothman
Spanish text copyright © 1979 by Doubleday & Company, Inc.
Illustrations copyright © 1979 by Patricia Ruben

This can wear a hat or bonnet.

It has lots of hair upon it.

It is your . . .

Encima de todo el cabello

se puede poner una gorra o sombrero.

Es . . .

head.   *la cabeza.*

They can look and they can blink.
They can cry and they can wink.
They are your . . .

Con éstos, que son dos, se puede mirar y parpadear;
y aún más, hasta se puede llorar y guiñar.
Son . . .

eyes. *los ojos.*

They can't see, but they can hear
Noises that are far and near.
They are your . . .

Estos dos son para oír
ruidos lejanos y sonidos cercanos.
Son . . .

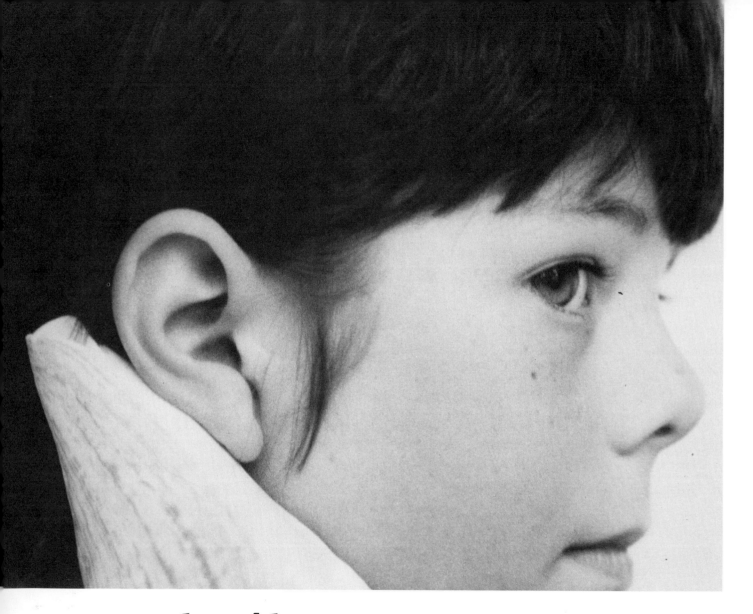

ears. *los oídos.*

This can sniff and snore and sneeze.
It can smell an ocean breeze.
It is your . . .

Esto puede husmear, roncar y estornudar.
Y hasta puede oler la brisa del mar.
Es . . .

nose. *la nariz.*

This can't see or hear or smell,
But it can whisper, talk and yell!
It is your . . .

---

*E*sto no puede ver, no puede oír, no puede oler,
pero sí puede susurrar, puede hablar, puede gritar.
Es . . .

mouth. *la boca.*

This can lick a lollipop.
It can taste a soda pop.
It is your . . .

Esto goza chupando un caramelo
y como saborea, le encanta la soda.
Es . . .

tongue.   *la lengua.*

These can't taste, but they can bite.

When you smile, they're nice and white.

They are your . . .

Estos no pueden saborear, pero sí pueden morder.

Y cuando uno se sonríe, ¡qué lindos y blancos se ven!

Son . . .

teeth. *los dientes.*

This connects your head and chest
Even when you sleep or rest.
It is your . . .

Esta es la parte que une la cabeza con el pecho,
siempre, siempre, hasta cuando uno duerme o descansa.
Es . . .

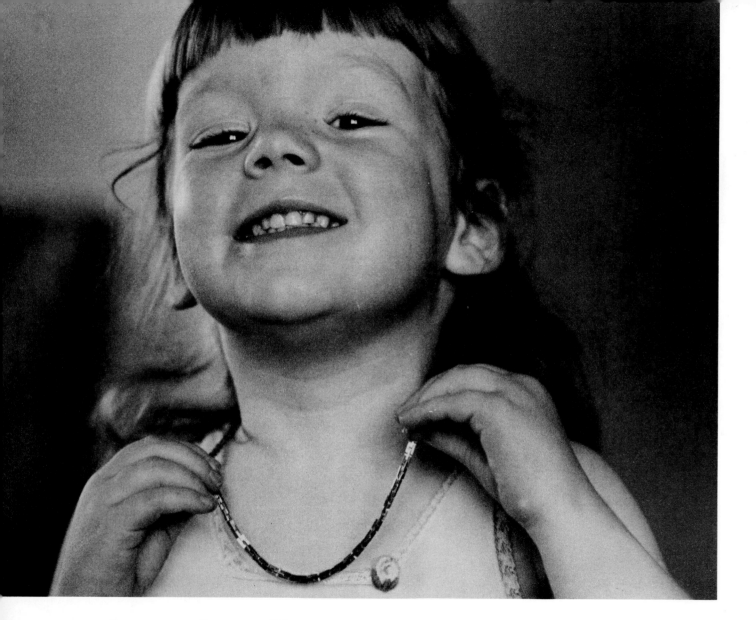

neck. *el cuello.*

Two of these are found on you.

Each one has an elbow too.

They are your . . .

De éstos, todos tenemos dos,

cada uno con un codo: también dos.

Son . . .

arms. *los brazos.*

These can point and paint and sew,
Tickle, scratch, or touch a toe.
They are your . . .

Con éstas, muestras, pintas y coses,
haces cosquillas, rascas y tocas
los deditos de los pies.
Son . . .

hands. *las manos.*

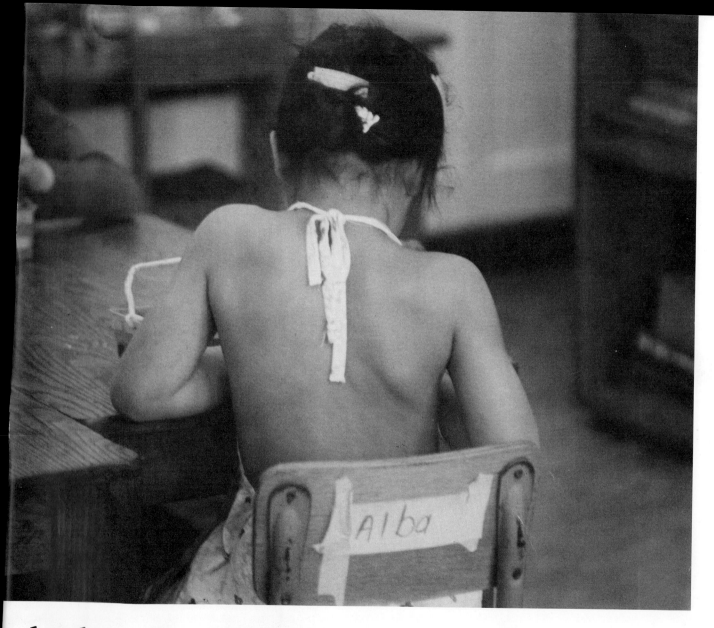

back. *la espalda.*

In the middle's where you find it,
And your stomach lies behind it.
It is your . . .

*Este, en el centro está
y el estómago le queda atrás.
Es . . .*

bellybutton. *el ombligo.*

In this part the spine is found

It is your . . .

Mira al espejo, da la vuelta y mira atrás

Allí encuentras la columna vertebral

Es . . .

These have knees—ankles too.
They can walk and run for you.
They are your . . .

Arriba las rodillas y abajo los tobillos.
Con ellas caminamos y corremos.
Son . . .

legs. *las piernas.*

In the middle's where you find it,
And your stomach lies behind it.
It is your . . .

*E*ste, en el centro está
y el estómago le queda atrás.
Es . . .

bellybutton. *el ombligo.*

Face a mirror, now turn 'round.
In this part the spine is found.
It is your . . .

Mira al espejo, da la vuelta y mira atrás.
Allí encuentras la columna vertebral.
Es . . .

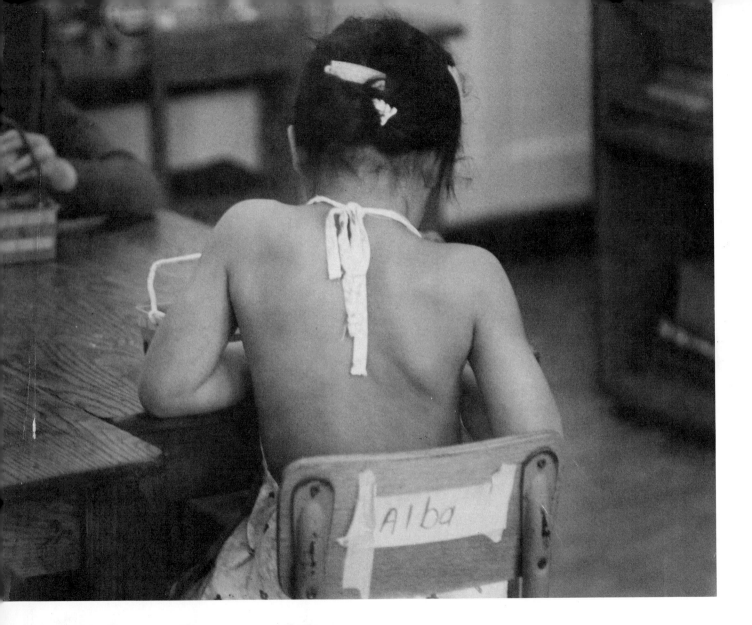

back. *la espalda.*

These have knees—ankles too.
They can walk and run for you.
They are your . . .

Arriba las rodillas y abajo los tobillos.
Con ellas caminamos y corremos.
Son . . .

legs. *las piernas.*

These are things that come in twos.
Sometimes they wear socks and shoes.
They are your . . .

*Estas van de dos en dos
y a veces, con sus medias y zapatos.
Son . . .*

feet. *los pies.*

This sticks up if you should bend.
Name the part and it's the end.
It is your . . .

Es lo último, es el final;
si te doblas, sobresale atrás.
Es . . .

rear end. *el trasero.*